LE
CORBEAU RENTIER

Vaudeville en un acte,

PAR MM. DE LEUVEN ET BRUNSWICK

Représenté, pour la première fois, à Paris, sur le Théâtre du Palais-Royal,

LE 10 AOUT 1846.

PRIX : 50 CENT.

PARIS

AU MAGASIN CENTRAL DE PIÈCES DE THÉATRE

ANCIENNES ET MODERNES

Rue de Grammont, 14

1846

LE CORBEAU RENTIER

VAUDEVILLE EN UN ACTE,

PAR MM. DE LEUVEN ET BRUNSWICK,

Représenté pour la première fois, à Paris, sur le théâtre du Palais-Royal, le 10 août 1846.

PERSONNAGES.	*ACTEURS.*
M. PICOTEL.............................	MM. Luguet.
SATURNIN.............................	Berger.
GRUMELOT, notaire royal.................	Lhéritier.
CABRIOLE, vieux jardinier................	Kalkaire.
MADAME RAYMOND......................	Mme Leménil.
OCTAVIE, sa sœur......................	Mlle Martin.

La scène est à Loches, chez Madame Raymond.

Le théâtre représente un salon modestement meublé. Porte au fond. A droite, premier plan, une croisée; au troisième plan, une porte. A gauche, premier plan, une table avec papier, plumes, etc.; deuxième plan, une cage accrochée au mur, et dans laquelle est un corbeau; troisième plan, l'entrée d'un cabinet fermé par une porte vitrée. Chaises, fauteuils, etc.

SCÈNE I.

OCTAVIE, assise près de la table, SATURNIN debout, près d'elle.

(Il fait nuit, au lever du rideau.)

SATURNIN.

Avouez, Octavie, qu'il est affreux d'être obligés pour nous voir et pour parler de notre tendresse, d'attendre que toute la ville de Loches ait la tête sur l'oreiller!

OCTAVIE.

Tenez, monsieur Saturnin, nous courons trop de dangers à nous voir ainsi!... Si ma sœur savait!... Dorénavant, vous viendrez ici, comme tout le monde, au grand jour.

SATURNIN.

Au grand jour!... mais vous savez bien que cela est impossible!... mon parrain le chanoine ne veut pas que je sorte... il craint pour le repos de mon cœur... oui... il a des idées... il veut que moi aussi je sois une des colonnes de l'Église... Je ne lui ai pas caché que j'aimerais mieux un autre emploi que celui de colonne; mais il est entêté, et je le ménage, vu que je dépends de lui... Il est fort riche, je suis fort

pauvre, de plus orphelin... je n'ai pas connu ma mère, et mon père est mort quinze mois avant ma naissance... Si je brusque le susdit chanoine, adieu sa succession, adieu le bonheur de vous enrichir, vous et madame Raymond votre sœur... Vous méritez si bien la fortune que vous n'avez pas du tout!...

OCTAVIE.

Mais, qu'espérez-vous, alors?

SATURNIN.

Triompher en temporisant, Octavie!... amener tout doucement le susdit vieillard à ne plus être aussi têtu... attendre l'occasion favorable, et, un beau jour, un jour qu'il sera de joyeuse humeur, en sortant de table, je me jette à ses pieds, je les inonde de pleurs, je lui fais l'aveu de mon amour, je lui dis que je vous ai charmée, et je vous apporte son consentement, ma main, une dot, et sa bénédiction par-dessus le marché!

OCTAVIE.

Oh! je n'ose espérer tout cela... Ma pauvre sœur!... je la verrais heureuse et riche!... elle qui a fait tant de sacrifices pour mon éducation!.. Monsieur Saturnin, parlez à votre parrain, qu'il consente à notre mariage... parce que, voyez-vous, c'est trop dangereux de venir ici, la nuit... vous pourriez vous blesser en escaladant le mur de notre jardin, ou bien être aperçu par quelqu'un !

SATURNIN.

Que Dieu nous en garde ! Dans une petite ville comme la nôtre !... mon parrain saurait bien vite... Plus que jamais j'espère le fléchir ; mais, un éclat, du scandale !... tout serait perdu !...

OCTAVIE.

Oh ! mon Dieu !... justement, je tremble !... voici le petit jour qui commence à paraître... Partez, partez, je vous en supplie !

AIR : *De la Lucie.*

Voilà l'aurore qui paraît
Et mon cœur s'inquiète ;
Pour tromper tout œil indiscret,
Partez, vite, en cachette !

SATURNIN.

Voici l'aurore qui paraît,
Soyez moins inquiète ;
Pour tromper tout œil indiscret,
Je pars, vite, en cachette !

(Saturnin disparaît par la fenêtre).

SCÈNE II.

OCTAVIE, puis MADAME RAYMOND.

OCTAVIE, seule, le suivant des yeux.

Dieu soit loué ! le voilà dans le jardin !.. Il escalade le mur... (En ce moment on entend un coup de fusil à l'extérieur.) Qu'est-ce que cela ?... serait-il blessé ?... non... il descend... le voilà qui court dans la rue !... je respire !

MADAME RAYMOND, au dehors.

Octavie !... (Octavie se retire précipitamment de la croisée et se dirige vers la gauche, madame Raymond accourt par la droite.) Octavie !...

OCTAVIE.

Me voilà, ma sœur !

MADAME RAYMOND.

As-tu, comme moi, entendu cette détonation ?

OCTAVIE.

Oui, et elle m'a fort alarmée, je t'assure... aussi, je suis accourue.

MADAME RAYMOND.

Maudit coup de fusil !... il m'a toute bouleversée !... Je ne serais pas étonnée d'avoir une attaque de nerfs le mois prochain... Mais, c'est horrible, quand on y pense !... Deux pauvres femmes comme nous, seules dans cette maison... sans le moindre homme pour nous défendre... Enfin, si l'on pénétrait ici, on pourrait nous dévaliser... on pourrait nous prendre ce que nous avons de plus cher !

OCTAVIE.

Mais, nous ne sommes pas seules... n'avons-nous pas Cabriole, le jardinier ?

MADAME RAYMOND.

Cabriole ?... mais ce n'est plus un homme, c'est une momie !... Ah ! M. Raymond mon époux s'est bien mal comporté à mon égard !... me planter là, il y a bientôt six ans, sans me prévenir, sans me dire où il allait ! Enfin, voilà six ans qu'il me laisse sans nouvelles ! On dit qu'il est aux colonies... S'il est mort, je serais bien aise de le savoir !

OCTAVIE.

Le fait est que mon beau-frère a bien des torts à se reprocher !

MADAME RAYMOND.

Assez, Octavie... je ne veux pas que devant moi on débite la moindre invective contre M. Raymond, c'est mon mari... Il est vrai qu'il a manqué de procédés envers moi... qu'il s'est conduit comme un chenapan, que pour agir comme il l'a fait, il faut avoir été élevé avec les êtres les plus dégradés... mais, imite-moi, et ne parle jamais de lui qu'avec retenue et considération.

OCTAVIE.

Oui ; mais, ça m'indigne de voir qu'il t'a rendue si malheureuse !

MADAME RAYMOND.

J'oublie tout, Octavie !... mais je ne lui pardonnerai jamais d'avoir soupçonné ma vertu... il est vrai que chacun cherchait à me plaire, dans la ville de Loches, et que j'ai toujours été l'objet des galanteries de tous les Lochois... mais n'importe !... M. Raymond devait croire à mes principes... Papa, en lui accordant ma main, lui avait dit : « Monsieur, prenez ça de « confiance, je vous la garantis pour quelque « temps. » Et on pouvait le croire sur parole !

AIR : *De Préville.*

Dans les guingans et dans les calicots
Mon noble père avait fait sa fortune,
Et l'on citait, en détail, comme en gros,
Sa vieille probité qui n'était pas commune !
Il fabriqua, pendant plus de trente ans !...
Pour ses produits dans le commerce il brille !
S'agissait-il d'enfants ou de guingans,
Il ne livrait jamais de pacotille,
Il n'a jamais fait de la pacotille !

Malgré ça, avec mon mari, tous les jours des querelles, des bisbilles !...

OCTAVIE.

Et, un beau matin...

MADAME RAYMOND.

Un beau matin, la séparation !... pourquoi ? parce que notre voisin, M. Picotel, en tout bien, tout honneur, avait pour moi des égards, des soins délicats, des attentions... qu'en sortant de soirée, sa lanterne et son parapluie étaient toujours à mon service ; que, lorsque nous montions à cheval, il me prêtait toujours son âne... et que, dans la saison des chasses, il ne manquait jamais de m'envoyer des goujons et des écrevisses... Enfin, de ces riens que l'on se doit en société... Mais non, mon époux n'a rien voulu entendre ; il a éclaté comme une fusée à la congrève... Enfin, si ce malheureux et innocent Picotel ne s'était pas caché pendant cinq jours, mon époux l'aurait détérioré !... Je sais bien que M. Picotel est taquinant, ça c'est vrai !... il pousse la manie d'obliger jusqu'à la frénésie ! Rendre service aux gens, malgré eux, est pour lui un besoin, une loi... Il s'attache à vous, se cramponne, vous tourmente, vous harcèle ; et, comme il est né sous une malheureuse étoile, tout ce qu'il fait pour vous obliger, devient un accident, une catastrophe, un tremblement de terre !... Pour moi, j'ai toujours la chair de poule, quand il ouvre la porte et qu'il me dit sa phrase habituelle, tu sais : « Madame, je viens de vous rendre un fameux...

§§

SCÈNE III.

OCTAVIE, PICOTEL, MADAME RAYMOND.

PICOTEL, entrant.

Madame, je viens de vous rendre un fameux service !

MADAME RAYMOND.

Voilà la phrase !... ah ! mon Dieu ! je frissonne !

OCTAVIE.

Et moi aussi !... Parlez vite ! qu'avez-vous fait, monsieur Picotel ?

PICOTEL.

Voilà : hier, après avoir passé la soirée chez ma cousine, je rentrai chez moi, à neuf heures ; nous avions joué au loto, et les diables de combinaisons de ce jeu m'avaient fatigué l'esprit... je sentais le besoin de m'insérer dans ma couche... de me mettre au lit...

MADAME RAYMOND.

Monsieur... monsieur... n'oubliez pas que vous parlez devant des femmes pudibondes...

PICOTEL.

Mais, il me semble que je reste dans les bornes... d'ailleurs, mademoiselle Octavie doit supposer que je ne perche pas, que je ne passe pas la nuit entière sur un bâton, appuyé sur une seule patte, comme votre corbeau qui est là !

MADAME RAYMOND.

Oui, oui, monsieur Picotel.

PICOTEL.

Je disais donc que j'avais envie de dormir... j'ôte mon chapeau, j'ôte mon habit, j'ôte ma cravate, j'ôte mon gilet, j'ôte mes bretelles, j'ôte...

MADAME RAYMOND.

Monsieur ! monsieur !... devant une jeune fille !...

PICOTEL.

Non, non, devant personne ! j'étais tout seul... je prends ma chandelle, je la pose sur le somno... j'ouvre ce meuble...

MADAME RAYMOND.

Monsieur Picotel !

PICOTEL.

Je referme le somno !... me voilà horizonta-

lement, et me livrant à des pensées vagues, indéfinies et orientales... m'amusant à faire des châteaux en Espagne, m'imaginant être placé sur le plus haut degré de l'escalier social... Tantôt, j'étais duc de quelque chose, prince de n'importe quoi... tantôt j'étais épicier en gros ou bien administrateur du chemin de fer de Pantin à Villers-Cotterets... j'allais, j'allais... lorsque le sommeil vint mettre un terme à ces illusions poétiques.

MADAME RAYMOND.

Pardon, monsieur Picotel ; mais tous ces détails...

PICOTEL.

Attendez... La nuit s'écoule... je dormais toujours... Tout à coup ! à l'aube du jour, je suis éveillé en sursaut... il y avait du monde sous mon balcon... j'écoute, et je ne tarde pas à être convaincu qu'une intrigue se passait sous ma fenêtre, que deux amoureux s'y étaient donné rendez-vous. Blessé de ce procédé qui souffletait la morale, je me lève, j'ouvre ma vitre, et j'aperçois mes deux êtres en conversation criminelle !

MADAME RAYMOND, avec curiosité, en le prenant à part.

C'était le tailleur et la femme du grainetier, n'est-ce pas ?... une si mauvaise graine !

PICOTEL.

Non.

MADAME RAYMOND.

J'y suis !... c'était le crémier et la sœur du fabricant de baromètres ?... une femme si variable !

PICOTEL.

Non !

MADAME RAYMOND.

Qui ça, alors ? qui ça ?

PICOTEL.

Vous ne les connaissez pas.

MADAME RAYMOND.

Je connais toute la ville... voyons, parlez vite !... vous me faites languir !... vous m'horripilez !

PICOTEL.

C'étaient deux angoras... un rouge et un noir !

MADAME RAYMOND.

Que le ciel vous confonde !

PICOTEL.

J'allais reclore ma vitre, lorsque j'aperçois un homme qui se disposait à sortir de votre jardin en escaladant le mur...

OCTAVIE, à part.

Saturnin !... l'aurait-il reconnu ?

PICOTEL.

Je saisis alors un tromblon chargé de gros sel... je mets en joue, j'ajuste, feu !...

MADAME RAYMOND.

Ainsi, ce coup de fusil qui nous a réveillées en sursaut...

PICOTEL, avec orgueil.

C'est moi qui l'ai tiré !

OCTAVIE, à part.

Malheureux Picotel ! (Elle remonte et va à droite.[1])

PICOTEL.

Votre scélérat s'est enfui à toutes jambes ; et le voilà guéri de l'envie d'y revenir... Ah !... dites, maintenant, que je ne vous ai pas rendu un fameux service !

MADAME RAYMOND.

Certainement, ça en a l'air, au premier abord... mais je ne sais pas... j'ai peur, et, vu le passé, je crains que ce service ne tourne encore à mal !

PICOTEL.

Ah ! madame Raymond, madame Raymond !

MADAME RAYMOND.

N'est-ce pas en cherchant à me flagorner, que vous m'avez brouillée avec tous mes amis?.. N'est-ce pas en voulant me rendre un service, que vous m'avez disjointe de mon époux ?... N'est-ce pas, grâce à vous encore, que mon oncle Nénuphar, qui est très-malade, ne veut plus me voir, qu'il a juré de me déshériter, et que ses biens, meubles et immeubles, me passeront devant le nez comme un convoi grande vitesse !

PICOTEL.

C'est vrai ! c'est vrai !... et, cependant, je ne cherche qu'à vous obliger !

MADAME RAYMOND.

Je sais bien ! vous êtes plein de bonnes intentions, vous en avez par-dessus les bords ; mais, que voulez-vous ? vous avez du guignon... Enfin, je serais sans ressources si, ma marraine, qu'heureusement vous ne connaissiez pas...

PICOTEL.

Je crois bien !... elle ne recevait personne !.. toujours cloîtrée chez elle, concentrant toutes ses affections sur un seul individu... ce monsieur qui est là, dans la cage... avouez que la susdite dame avait les idées un tant soit peu biscornues !... Instituer pour son légataire universel, qui ? un oiseau !... quel oiseau ? celui-ci ! ce corbeau qui se trouve à la tête de douze cents livres de rente viagère... voilà un fortuné corbeau !... Il est vrai que, par disposition testamentaire, c'est vous qui jouissez de ce revenu, à la charge par vous de le nourrir, de le loger et de le blanchir. (Il va décrocher la cage et la pose sur la table.)

MADAME RAYMOND.

Oui... c'est, aujourd'hui, notre seule fortune... ça fait frémir, quand on songe que si ce volatile venait à décéder ou à disparaître, ces douze cents francs de rente retourneraient à des parents éloignés !... pas aux parents du corbeau... non... aux cousins de ma vieille marraine... Heureusement, les corbeaux sont renommés pour leur longévité... ça vit plusieurs siècles... ce qu'on attribue généralement à leur tempérance, et à l'austérité de leurs mœurs.

PICOTEL.

N'importe !... soignez-moi bien ce petit rentier-là.

MADAME RAYMOND, allant à la cage.

Mais, je le mijote, je le dorlote... L'autre jour,

il avait mal à la patte, j'ai fait quérir un homœopathe... sois tranquille, mon petit coco, on te donnera de bonnes choses... pas pour douze cents francs, par exemple !... Mais ça m'y fait penser... c'est demain que M. Grumelot, le notaire, doit m'apporter le montant du trimestre.

PICOTEL.

Je vais passer à son laboratoire pour le prier d'être exact.

MADAME RAYMOND.

Bien obligé, monsieur Picotel... Octavie, viens m'aider à achever ma toilette.

PICOTEL.

Si vous voulez, madame, que je... oh ! qu'est-ce que je dis là !... l'envie de vous être agréable... je cours chez maître Grumelot.

ENSEMBLE.

AIR : De Musard.

PICOTEL.

Pour un bon office
Je suis toujours prêt,
Et rendre service
M'enchante et me plaît !

MADAME RAYMOND et OCTAVIE.

Pour un bon office
Il est toujours prêt,
De rendre service
Il est satisfait !

(Les dames sortent, et près de la porte Picotel veut déplacer une chaise qu'il fait tomber dans les jambes de madame Raymond, qui disparaît en riant.)

SCÈNE IV.

PICOTEL, seul.

Va, superbe femme ! va, magnifique créature ! que j'idolâtre en silence !... va emprisonner la taille divine dans un corset de satin !... Ma foi ! si je possédais l'anneau de Gygès, ou la lampe merveilleuse de feu Aladin, je déclare que, pour ne plus quitter d'un seul instant cet être dont je raffole, je me transformerais incontinent en n'importe quoi, qui me permettrait d'être toujours auprès d'elle !

SCÈNE V.

GRUMELOT, PICOTEL.

GRUMELOT, entr'ouvrant la porte du fond.

Peut-on entrer ?

PICOTEL.

Eh ! c'est maître Grumelot !... ce cher notaire royal... et loyal !...

GRUMELOT.

Moi-même !

PICOTEL.

J'allais justement passer chez vous, de la part de madame Raymond.

GRUMELOT.

Pour le trimestre de la rente viagère, n'est-ce pas ?... voici justement trois cents livres que j'apporte à cet effet.. A la rigueur je ne devrais pas payer aujourd'hui, mais, je crains d'être obligé de m'absenter demain de la ville... de faire une excursion extra muros, pour les devoirs de mon emploi... je viens donc par antipation...

PICOTEL.

C'est très-aimable à vous, et je vais prévenir madame Raymond.

GRUMELOT.

Doucement, doucement !... une rente viagère de douze cents livres a été constituée sur une tête... bien... Or, d'après la loi, il faut, pour payer, que je m'assure de la vitalité de ladite tête, ou que l'on me présente un certificat de vie !...

PICOTEL, montrant la cage où est le corbeau.

Eh ! bien... notre rentier est là... dans son immeuble.

GRUMELOT.

Encore faut-il que je le voie !... que je me convainque qu'il respire encore, qu'il jouit de la clarté des cieux !

PICOTEL.

Rien n'est plus facile.

GRUMELOT, examinant l'oiseau.

Oui, oui, c'est bien lui !... allons, allons, il est apte à toucher son petit trimestre... mais, entre nous, je crains fort que, bientôt, il n'en touche plus !

PICOTEL.

Parce que ?

GRUMELOT.

Voyez... ne vous fait-il pas l'effet de couver une grande maladie ? comme il est triste !... je ne lui trouve pas le teint clair !

PICOTEL.

Que voulez-vous ?... toujours captif, solitaire... essayons de le désennuyer... (Ils font tous deux quelques lazzis au corbeau.) Faisons-lui voir les toits et les cheminées des maisons voisines... ça le distraira... (Prenant la cage.) Viens, mon petit chéri... viens mon petit bijou ! (Il se dirige vers la fenêtre, fait un faux pas et manque de laisser tomber la cage.)

GRUMELOT.

Prenez donc garde !

PICOTEL, accrochant la cage au dehors de la fenêtre.

Là !... le voilà au soleil !... allons, bon !... sa mangeoire est renversée !...

GRUMELOT.

N'ouvrez donc pas la porte de la cage... méfiez-vous, monsieur Picotel !

PICOTEL.

N'ayez pas peur !.... la voilà fermée....

(Regardant la cage.) Toujours mélancolique ! C'est sa faute, aussi !... il y a quelque temps, pour occuper son cœur, ne lui avais-je pas donné une compagne ?... une charmante petite corneille gracieuse, coquette, enivrante !... Eh ! bien, ils n'ont pas pu s'entendre... Incompatibilité d'humeur... Il a fallu procéder à une séparation de corps et de biens.

GRUMELOT.

Avec tout cela, s'il arrivait un malheur, s'il venait à décéder, adieu la rente !

PICOTEL.

Ne dites donc pas de ces choses-là !... Pauvre madame Raymond !... sa seule ressource !... mais que faire pour rendre la sérénité à cet être-là ?...

GRUMELOT.

C'est un misanthrope... il voit tout en noir... néanmoins, je puis compter les trois cents livres... Et justement voici madame Raymond qui pourra m'en donner un reçu...

SCÈNE VI.

PICOTEL, GRUMELOT, MADAME RAYMOND, OCTAVIE.

MADAME RAYMOND, entrant.

Ah ! c'est vous, monsieur Grumelot !.. Enchantée !.. Et votre dame ?.. toujours malingre, souffreteuse ?.. Enchantée, enchantée !.. Et Zozo, votre petit, toujours les cheveux rouges ?... Enchantée, enchantée !..

GRUMELOT.

Que vous êtes bonne !.. (Comptant les écus qu'il met en piles sur la table.) Voici, madame, la petite rente viagère !... oui, je vous la paie à l'avance... veuillez m'en donner quitus... c'est l'usage... ah ! c'est que je ne transige pas avec mes devoirs... la forme avant tout !.. je suis à cheval sur les dogmes du notariat... notre mission est sacrée !..

(Madame Raymond se met à la table pour faire le reçu, Picotel retire la plume des mains de madame Raymond pour lui en donner une meilleure et lui tache les doigts ; puis il brouille les papiers qui sont sur la table, et, enfin, quand madame Raymond a signé, dans son empressement à se rendre utile, il renverse le sablier sur la table.)

MADAME RAYMOND, présentant à Grumelot le reçu qu'elle vient d'écrire.

Voici le reçu, monsieur Grumelot !.. il est un peu bouzillé... je peins mal avec ces drôlesses de plumes de fer... ce qui me va, c'est une plume d'oie !..

CABRIOLE, au dehors.

Madame Raymond ! madame Raymond ! ah ! quel malheur !..

MADAME RAYMOND.

Mon Dieu ! que se passe-t-il ? quels cris de merlusine !

OCTAVIE.

Mais c'est la voix de Cabriole ! du vieux jardinier !

PICOTEL.

Qu'a-t-il à se lamenter ainsi?.... aurait-il mangé quelque chose de malsain ?

SCÈNE VII.

PICOTEL, GRUMELOT, CABRIOLE, MADAME RAYMOND, OCTAVIE.

CABRIOLE, entrant tout bouleversé.

Ah! bourgeoise, c'est vous !... ah! quelle tuile!... quelle catastrophe!...

MADAME RAYMOND.

Mon mari serait-il de retour ?

CABRIOLE.

Ce n'est pas ça, bourgeoise... regardez là-bas, sur le clocher de l'église.

PICOTEL.

Eh! bien, je vois le coq.

CABRIOLE.

Oui, mais sur le coq... une autre bête...

MADAME RAYMOND,

Quelle bête?

CABRIOLE.

Pardine! c'est lui !

MADAME RAYMOND.

Qui, lui ?

CABRIOLE.

Tout à l'heure, je taillais les espaliers qui sont là, sous votre fenêtre... je lève la tête, et qu'est-ce que je vois?... l'animal, l'oiseau... qui s'envolait de son établissement!

MADAME RAYMOND.

Se pourrait-il ?.... (Courant à la fenêtre.) En effet !...

PICOTEL.

Quoi ?.. le corbeau !...

MADAME RAYMOND.

La cage est vide !..

GRUMELOT.

Je vous le disais bien, monsieur Picotel : n'y touchez pas, n'y touchez pas !...

MADAME RAYMOND[1], à Picotel.

Comment, c'est vous !.. mais qu'aviez-vous besoin de mettre cette cage en dehors !...

PICOTEL.

Elle sentait le renfermé !...

MADAME RAYMOND.

Ah! miséricorde! encore une de vos infamies, monsieur Picotel!.. il ne manquait plus que celle-là !.. mais me voilà ruinée!.. détruite!..

GRUMELOT.

C'est le mot, madame, c'est le mot... votre rente a pris la clef des champs... l'absence de l'individu équivaut à un décès...

(Il déchire le reçu et reprend l'argent.)

[1]. G., P., Mme R., O., C.

PICOTEL, à Grumelot.

Comment ?.. vous reprenez l'argent, garde-notes ?

GRUMELOT.

Sans doute .. ce n'est que demain que je devais payer la rente... je reviendrai demain, et si l'individu s'est représenté ..

PICOTEL.

Il se représentera, soyez-en sûr ! Il a voulu tâter d'un petit voyage!... Bien ! bon ! Laissons-le faire... Ce corbeau croit trouver la pie au nid !.. mais quand il sera obligé de se lever de très-grand matin pour avoir quelque chose à mettre sous la dent... de se prendre de bec avec ses concitoyens pour le moindre petit morceau de mouche ou de vermisseau, il verra la différence! Il se dira, les yeux pleins de larmes : ...

MADAME RAYMOND.

Mais vous me crispez !... prenez votre chapeau, prenez la rampe de l'escalier, prenez des informations... Rapportez-moi mon oiseau... suivez-le de rue en rue, de ville en ville... traversez les mers, s'il le faut !...

PICOTEL.

J'y cours !.. Venez, Grumelot.

GRUMELOT.

Impossible !... M. Nénuphar m'attend [1].

MADAME RAYMOND.

Mon oncle ?...

GRUMELOT.

Oui... il est au plus bas... il m'a fait demander... sans doute il veut tester.

MADAME RAYMOND.

Allons, encore un malheur !... c'est pour me déshériter, je n'en doute pas ! Grâce à M. Picotel, ne m'a-t-il pas fermé ses bras et sa porte?..

PICOTEL.

Vous déshériter!... Eh! bien, non... il n'en sera rien ! je ne veux pas que cet ancien vieillard se permette un pareil coq-à-l'âne. . je veux réparer aujourd'hui tout le mal que je vous ai fait... je parlerai au sieur Nénuphar... je le ferai revenir sur une telle injustice ; bref, je lui ferai voir clair avant qu'il ne ferme les yeux...

MADAME RAYMOND.

Non,.. non,.. n'y allez pas, monsieur Picotel... vous attireriez un nouveau moellon sur mon chef!

PICOTEL.

Belle superstitieuse !.. je réponds de tout, vous dis-je !

MADAME RAYMOND.

Et vous, Cabriole... voyez, courez, tâchez aussi de rattraper Isidore... [2]

CABRIOLE.

Oui, madame... je vole à sa poursuite...

ENSEMBLE.

AIR : Sortez de ma maison.

Qu'on rattrape à l'instant
L'animal inconstant!

[1] G., Mme R., P., O., C.

[2] G., P., Mme R., O., C.

Saissis { sez / sons } l'imprudent
Qui voyage !
Qu'il soit, bon gré, mal gré,
Ce soir reintégré
Et bien claquemuré
Dans sa cage !

(Grumelot, Picotel et Cabriole, emportant la cage,
sortent.)

SCÈNE VIII.

MADAME RAYMOND, OCTAVIE.

MADAME RAYMOND, s'asseyant à gauche.

Ah ! c'est trop d'événements en un jour !...
Douze cents livres de rente envolées !... Mon
oncle prêt à passer le Cocyte sans m'avoir par-
donné !... Me privant de tout, moi son héri-
tière légitime !... Ma ruine est consommée...
plus d'espoir en quoi que ce soit !...

OCTAVIE.

Ne te désole pas, bonne sœur, je suis là !...

MADAME RAYMOND, lui prenant la main.

Oui, je sais que tu m'aimes... que tu m'es
toute dévouée... je le rends bien... L'amitié
c'est une belle invention, pour le cœur, mais
ça ne suffit pas pour l'estomac... il lui faut
quelque chose de plus substantiel et de plus
nutritif...

OCTAVIE.

Ce quelque chose, nous l'avons, bonne sœur...
lui !...

MADAME RAYMOND, se levant.

Qui ça, lui ?

OCTAVIE.

M. Saturnin...

MADAME RAYMOND.

Le filleul du riche chanoine ?

OCTAVIE.

Oui... jusqu'à présent, je t'avais fait un mys-
tère... il m'avait tant recommandé de ne dire
à personne qu'il m'aimait, qu'il voulait m'é-
pouser !...

MADAME RAYMOND.

T'épouser !.. mais cet intéressant jeune homme, nous ne l'avons vu que très-rarement...
fortuitement... comme par hasard...

OCTAVIE.

C'est vrai... mais il m'a écrit une fois...
dame !.. je lui ai répondu... parce que la poli-
tesse exige... Et puis nous nous sommes parlé
quelquefois... en cachette...

MADAME RAYMOND.

Octavie ! et les mœurs?..

OCTAVIE.

Oh !... il est toujours resté dans le jardin,
et moi, à cette fenêtre...

MADAME RAYMOND, à part.

Six pieds de haut !... l'amour n'a pas pu rap-
procher les distances.

OCTAVIE.

D'ailleurs, il veut que je sois sa femme...
il n'attend que le bon moment pour demander
le consentement de son parrain... il l'obtien-
dra avec une bonne dot !.. me voilà riche, et
je puis enfin reconnaître tous les sacrifices que
tu as faits pour moi !

MADAME RAYMOND.

Ma chère Octavie!.. Tu dis donc que M. Saturnin doit parler au chanoine?

OCTAVIE.

Aujourd'hui même, peut-être... Oh ! mon
Dieu ! d'un moment à l'autre, je m'attends à
recevoir une bonne nouvelle...

SATURNIN, dans la coulisse.

Octavie ! Octavie !

MADAME RAYMOND.

Qu'est-ce que c'est que ça ?

OCTAVIE.

Mais c'est lui !... c'est M. Saturnin ! je recon-
nais sa voix !... S'il ose venir comme ça en plein
jour ici, c'est qu'il a obtenu !.. quel bonheur !..

(Courant ouvrir la porte du fond.)

SATURNIN, en dehors.

Me voilà ! me voilà !...

SCÈNE IX.

MADAME RAYMOND, SATURNIN, (Il porte
une petite valise, une paire de pistolets et un
cor de chasse), **OCTAVIE.**

OCTAVIE.

Entrez... entrez... n'ayez pas peur... ma
sœur sait tout !

MADAME RAYMOND.

Mais, dans quel équipage vous voilà ! vous
avez l'air d'un déménagement, jeune homme !

SATURNIN.

En effet, c'est un déménagement... et des
plus complets... Mon chanoine de parrain m'a
donné congé... et sans m'accorder les huit
jours, encore !

OCTAVIE.

Ah ! mon Dieu ! il sait tout ?

SATURNIN.

De A à Z.

MADAME RAYMOND.

C'est que vous aurez choisi un mauvais moment... c'est qu'il était mal disposé...

SATURNIN.

Je n'ai rien choisi du tout... c'est bien malgré moi qu'il a tout appris !

MADAME RAYMOND.

Comment cela ? Narrez !

SATURNIN.

C'est tout simple... ce matin, vous savez,
mademoiselle Octavie, au moment où je vous

qnittais pour rentrer chez moi , j'escalade votre mur... bon !.. En ce moment... pan !.. une détonation... un coup de fusil...

OCTAVIE.

Eh ! mais, c'est M. Picotel !

MADAME RAYMOND.

Encore lui ! toujours lui !

SATURNIN.

J'ignore qui... mais ce que je sais, c'est que le gros sel qu'on me destinait m'aurait détérioré les yeux si je l'avais reçu face... mais je l'ai reçu pile... Au bruit de l'arme à feu, le poste de la mairie accourt, m'empoigne et veut me mettre au violon... je crie, je réclame, je me nomme ; et pour s'assurer de mon identité, on me conduit chez qui ? chez mon parrain le chanoine !.. on le réveille en sursaut !.. ô malheur !.. on ne sait pas, généralement, ce que c'est qu'un chanoine qu'on réveille en sursaut ! Vous comprenez, mesdames, que, mis par mon parrain au pied du mur, j'ai été obligé de lui expliquer pourquoi j'étais dessus... De là une colère, une rage... Bref ! il m'a dit de prendre mon linge, il m'a fait descendre les escaliers en m'aiguillonnant par derrière, et il m'a refoulé sur la voie publique... Oh ! alors, le désespoir s'est emparé de moi...(montrant les pistolets), j'ai chargé ces armes, dans le but de mettre fin à mon existence !

OCTAVIE.

Grand Dieu !

MADAME RAYMOND.

S'homicider !... ah ! jeune homme !...

SATURNIN.

Rassurez-vous,... mon étoile m'a fait changer d'idée... Imbécile, m'a-t-elle crié, tu voulais offrir ton toit à ta bien-aimée ; eh ! bien, puisque te voilà sans toit , transporte-toi sous son toit... et comme l'Arabe du désert, je viens sous votre tente vous demander un abri, le pain, le sel et quelque chose avec... Enfin, tout ce qu'il me faudra...

MADAME RAYMOND.

Vous n'y songez pas, monsieur Saturnin... un jeune homme chez deux femmes seules...

SATURNIN.

Mais vous ne serez plus seules quand je serai ici.

∞∞∞∞∞∞∞∞∞∞∞∞∞∞∞∞∞∞∞∞∞∞∞∞∞∞

SCÈNE X.

MADAME RAYMOND, CABRIOLE, SATURNIN , OCTAVIE.

CABRIOLE, entrant avec une cage dans laquelle est le corbeau.

Je le tiens, bourgeoise, je le tiens ! le voilà !

MADAME RAYMOND.

Je renais !...

OCTAVIE.

Mais comment avez-vous fait ?

CABRIOLE.

Pardine, je suis monté au clocher avec le

sonneur ; j' l'ai appelée, c'te bête... Viens, fifi, viens, mignon, que je lui ai dit !... il s'est rendu au charme de ma voix...

MADAME RAYMOND.

Sois béni, Cabriole, et accepte ce franc comme gage de ma reconnaissance [1]... Rends-moi six sous... De plus, aie constamment l'œil sur cet intéressant animal... et pour commencer, mets l'oiseau dans ce petit cabinet vitré... là , il sera à l'abri des atteintes de M. Picotel !

CABRIOLE , allant au cabinet vitré à gauche, troisième plan.

Oui, bourgeoise.

SATURNIN.

Et moi, je cours chercher le restant de mes effets.

MADAME RAYMOND.

Pardon, monsieur Saturnin ; mais cela ne se peut pas... ce n'est pas ici un hôtel garni...

SATURNIN.

Je sais bien , je sais bien... aussi, je vais apporter mes meubles.

MADAME RAYMOND.

Monsieur Saturnin , vous êtes un adolescent agréable et bien élevé... aussi, c'est avec toutes les formes que je vous dirai que ce que vous voulez faire est une turpitude...

SATURNIN.

Vous changerez d'avis quand je serai installé... A bientôt, mesdames, ne vous impatientez pas... je reviens avec le reste de mes effets !...

(Il sort en courant. — Cabriole sort aussi.)

MADAME RAYMOND.

Mais il est fou !

OCTAVIE.

Pauvre garçon !... le voilà donc perdu pour moi [2] !

MADAME RAYMOND.

Un si bon parti !... et c'est encore la faute de ce M. Picotel !... Sans le maudit coup de fusil de ce matin... et le scandale qui s'en est suivi... ce jeune homme aurait tout doucement amené le chanoine à consentir... Mais il est donc lithographié là-haut que ce M. Picotel sera continuellement notre cauchemar !

∞∞∞∞∞∞∞∞∞∞∞∞∞∞∞∞∞∞∞∞∞∞∞∞∞∞∞∞∞∞∞∞∞∞∞∞∞

SCÈNE XI.

OCTAVIE, PICOTEL, MADAME RAYMOND, GRUMELOT.

PICOTEL , ouvrant la porte du fond.

Madame, je viens de vous rendre un fameux service !...

GRUMELOT.

Oh ! cette fois, madame Raymond, j'en suis le garant.

[1] C., Mme R., S., O.

[2] O., Mme R.

PICOTEL.

Que la joie remplace les larmes!... Je suis votre sauveur... votre fée... votre bon génie!... ah! ah!

MADAME RAYMOND.

Mais que se passe-t-il?

OCTAVIE.

Qu'y a-t-il donc?

PICOTEL.

Il y a que je suis arrivé à temps... Le sieur Nénuphar, votre oncle, voulait tout simplement tester en votre défaveur... il avait demandé le notaire Grumelot, ci-inclus, à cet effet... mais j'ai paru, je me suis posé, j'ai gesticulé, j'ai parlé!... j'ai été beau, j'ai été éloquent!... n'est-ce pas, Grumelot, que j'ai été beau?

GRUMELOT.

Il me semblait entendre Cicéron...

PICOTEL.

Cicéron! Vous me ravalez, Grumelot!...

GRUMELOT.

Ah! pardon!... Du reste, je ne l'ai jamais entendu...

PICOTEL.

Est-ce que Cicéron aurait pu décider l'oncle Nénuphar à revenir sur sa détermination? aurait-il, comme moi, fait prendre encre, plume et papier à ce vieillard, pour rédiger, séance tenante, un testament olographe au profit de son intéressante nièce?

MADAME RAYMOND.

Comment, mon pauvre oncle a consenti?...

GRUMELOT.

Oui, madame. (Montrant un papier cacheté.) Voici l'acte qu'il a cacheté lui-même, et qu'il a remis ès-mains de la loi, que je représente.

MADAME RAYMOND.

Ah! monsieur Picotel... quelle reconnaissance!... laissez-moi vous inonder de remerciements!

PICOTEL.

Oui, famille intéressante, entourez-moi, félicitez-moi... couvrez-moi des épithètes les plus flatteuses... embrassez-moi les genoux si ça vous est agréable... baignez mes mains de vos larmes, je les essuierai avec orgueil; car si j'avais tardé d'un quart d'heure, j'arrivais trop tard!

MADAME RAYMOND.

Mon pauvre oncle?...

PICOTEL, à voix basse.

Oui!

(Madame Raymond se tournant du côté de Grumelot.)

GRUMELOT, à voix basse.

Oui!

(Madame Raymond pleure et tire son mouchoir. —Octavie, Grumelot et Picotel successivement, même jeu. — Picotel se mouche.)

PICOTEL.

Oui, regrettez-le... mais que ça ne vous empêche pas de lire ce testament...

MADAME RAYMOND.

Non, monsieur Picotel... laissez-moi toute à ma douleur!

OCTAVIE.

Ma sœur a raison... nous pouvons attendre...

(Elle remonte.)

GRUMELOT.

Sans doute... demain, après-demain, dans quelques jours...

PICOTEL.

Mais non, non, non... tout de suite... Pourquoi pas, mon Dieu!

MADAME RAYMOND.

N'insistez pas, monsieur Picotel... il n'est pas décent...

M. PICOTEL.

Mais je vous demande pardon, madame... j'ai mes raisons, au surplus... sans le vouloir, je vous ai ruinée aujourd'hui... je veux qu'aujourd'hui même le mal soit réparé... vous me devez bien cette satisfaction, que diable!... un ami aussi dévoué que moi! votre bon génie!... voyons, voyons, c'est si simple... Mademoiselle Octavie sur cette chaise... M. Grumelot à cette table.. moi ici... là [1]... Commencez, maître Grumelot...

MADAME RAYMOND.

Monsieur Picotel...

PICOTEL.

Commencez, maître Grumelot, nous écoutons.

GRUMELOT.

Je romps le scel. (Il décachette et lit.)

« J'institue, par le présent, ma nièce Éléo-« nore-Cunégonde, femme Raymond, née Né-« nuphar, ma légataire universelle. »

PICOTEL.

Ah! je répare tout!

GRUMELOT, continuant.

« Mais j'entends, veux et déclare que si mon « testament était ouvert en sa présence et de « son consentement, avant trois jours révolus « après ma mort, cet empressement prouvant « le peu de regrets que je laisse dans son cœur « et le désir qu'elle avait de me voir trépasser « pour jouir de ma fortune, tous mes biens « retourneraient à mon neveu Stanislas Nénu-« phar. »

(Tous se lèvent.)

MADAME RAYMOND.

Miséricorde!

OCTAVIE.

Qu'entends-je?...

(Picotel tombe dans un fauteuil en tremblant de tous ses membres.)

TOUS, l'entourant avec colère.

AIR : J'étouffe de rage.

Voilà votre ouvrage!
Adieu l'héritage.
Quel malheur pour nous!
Soyez maudit par nous tous!

[1] G., Mme R., P., O.

MADAME RAYMOND, à Picotel.

C'est vous qui l'avez voulu, misérable !

OCTAVIE, de même.

Vous avez donc juré de nous ruiner, malheureux !

GRUMELOT.

Mais vous les mettez sur la paille, faux ami !...

PICOTEL, d'une voix affaiblie.

Grâce !... grâce !... oui, sur la paille !... (se levant tout à coup, et avec force.) Mais non !... pas sur la paille !... vous êtes très-bête, Grumelot [1] !... une chose bien simple... dans trois jours nous relirons le testament pour la première fois !

GRUMELOT.

Arrière !... arrière [2] !... mon devoir l'exige !... je ferai connaître toute la vérité... arrière !... arrière !... que votre souffle impur ne vienne pas ternir un demi-siècle d'innocence, de candeur et de vertus notariales !

PICOTEL, exaspéré.

Grumelot, voulez-vous que je vous le dise ?... vous n'êtes qu'une canaille d'honnête homme [3] ! Eh bien ! puisqu'il en est ainsi, je réparerai tout seul la catastrophe que j'ai commise... Grumelot, vous allez faire l'inventaire de tout ce que laisse le défunt ; et de mes deniers, à moi, j'en offrirai l'équivalent à ces intéressantes victimes... c'est une amende que je m'impose !... quand même elle me réduirait à la profession de Job... ça m'est égal ! ma misère sera honorable ! j'aurai des fracs troués, des pantalons avec des jours de souffrance, qu'importe !... on verra mon cœur à nu !...

MADAME RAYMOND,

Vous divaguez, monsieur. . une femme de mon calibre n'accepte rien de personne... de vous moins que de tout autre. Ma renommée a déjà assez souffert de vos assiduités continuelles... vous n'avez plus qu'une chose à faire... c'est de me laisser tranquille, de me débarrasser de votre présence, de sortir de chez moi, et de ne plus franchir mon seuil !

(Madame Raymond et Octavie sortent par le fond en faisant encore des gestes de menace à Picotel.)

SCÈNE XII.

PICOTEL, GRUMELOT.

PICOTEL.

Grumelot, mon ami, soutenez-moi... veillez sur moi, conseillez-moi... vous êtes laid, mais vous avez l'air respectable... Vous êtes stupide, mais vous avez une grande expérience des affaires... j'ai ruiné une intéressante famille !... parlez !... je veux réparer sa fortune, que j'ai lézardée d'une manière ignoble !

[1] G., P., Mme R., O.
[2] P., G., Mme R., O.
[3] G., P., Mme R., O.

GRUMELOT.

Madame Raymond ne veut rien accepter de vous, d'un étranger, cela se conçoit... mais d'un époux, c'est différent... épousez-la.

PICOTEL.

Au fait !... oui... c'est une idée !... je vais l'épouser !

GRUMELOT.

Attendez, attendez... mais j'y songe... il y a un obstacle...

PICOTEL.

Un grand ?...

GRUMELOT.

Non, un tout petit...

PICOTEL.

Dites, bah !

GRUMELOT.

Elle est mariée.

PICOTEL.

Vous appelez ça un petit obstacle !... mais son mari, depuis six ans aux colonies... des voyages sur mer, des naufrages... il se peut qu'il soit tombé dans les flots amers, et, comme il n'était point imperméable, elle doit être veuve... je vais l'épouser !...

GRUMELOT.

Comment le savoir positivement, affirmativement ?

PICOTEL.

Ah ! voilà... j'ai écrit à un de mes amis, employé au ministère de la marine et des colonies... je l'ai chargé de faire des recherches... pas au fond de la mer... non... pour savoir si le sieur Victor Raymond était encore de ce monde... mais les renseignements n'arrivent pas... le temps s'écoule... voilà madame Raymond privée du superflu, faute du nécessaire... il y a urgence, et je voudrais tout de suite...

GRUMELOT.

Chut !... faites un testament... léguez-lui tout après vous !

PICOTEL.

Après moi ?... Grumelot, vous êtes bien jeune !... faites donc attention que je n'ai pas encore atteint l'âge mûr, que je suis orné de toutes mes facultés... que je jouis de toutes mes dents, que j'ai la jambe nerveuse et le jarret solide... que, selon les pronostics médicaux, je dois me rire, pendant quatre-vingts années, de la faux du temps !

GRUMELOT.

Chut !... il y a un moyen pour la faire hériter tout de suite... chut !...

PICOTEL.

Vraiment ? je l'adopte !

GRUMELOT.

Détériorez-vous, alimentez-vous de substances purement malfaisantes.

PICOTEL.

Grumelot, je repousse cette invention avec transport, et je ne vous conseille pas d'en solliciter le brevet.

GRUMELOT.

Non ?... bien !... vous demandez une consultation... on vous la donne gratis... vous ne voulez en faire qu'à votre tête... adressez-vous à d'autres... Voilà les gens !.. ils demandent conseil... on leur en fournit un bien gentil, bien commode, pas dispendieux, facile à suivre en voyage... ils le repoussent, et cela sans aucun motif... Bien !... bon !... allez !.. faites... je vais de ce pas prévenir le sieur Stanislas Nénuphar qu'il est le seul héritier de son oncle... Votre serviteur de tout mon cœur !...

(Il sort.)

SCÈNE XIII.

PICOTEL, seul, se promenant avec colère.

Grumelot... Grumelot... je vous classe parmi ces êtres dans lesquels on fourre des truffes... et quelquefois des marrons... plus souvent des marrons... Me faire une semblable proposition !. . porter atteinte à un des plus jolis produits de la nature !... Après ça, je sais bien ! tout se détruit... les merveilles comme les chefs-d'œuvre... Parbleu ! on n'a qu'à prendre... ceci par exemple... (Il prend sur la table un des pistolets apportés par Saturnin.) on met gracieusement le doigt sur la petite gâchette, et l'on anéantit la plus belle organisation masculine... Oh ! mon Dieu !... on n'a qu'à appuyer un petit peu... comme ça... (Le pistolet part; la balle va frapper les carreaux du cabinet vitré, qui se brise en éclats.) Grand Dieu !... il était chargé !... quelle imprudence !... heureusement que je n'ai blessé qu'un carreau !

SCÈNE XIV.

CABRIOLE, PICOTEL.

CABRIOLE, accourant vivement.

Hein ?... quoi ?... qu'est-ce qu'il y a ?...

PICOTEL.

Rien, rien... j'ai débouché une bouteille d'eau de Seltz !

CABRIOLE.

C'est pas vrai !... ce pistolet que vous tenez encore à la main... (Se retournant vers le cabinet vitré.) un carreau cassé !... ciel de Dieu !... vous ne savez pas... il y avait quelqu'un dans ce cabinet...

(Il y court.)

PICOTEL, effrayé.

Quelqu'un ?... je tremble !... je frémis !...

(Musique.)

CABRIOLE, reparaissant en tenant le corbeau ; il marche à pas comptés sur les huit premières mesures de la marche de la *Gazza Ladra*.

Tenez, contemplez votre victime !...

PICOTEL.

Tais-toi... tais-toi !...

CABRIOLE.

Du tout, du tout... Je vais courir, tout dire à ces dames qui sont là-bas, sur la place du marché...

PICOTEL.

Tais-toi, te dis-je... j'achèterai ton silence !... donne-moi ces dépouilles... je vais les faire vite empailler... nous dirons qu'il est venu au monde comme ça !... tais-toi...

CABRIOLE.

Quand on verra qu'il ne mange pas...

PICOTEL.

Nous répondrons qu'il n'a plus d'appétit... Tais-toi !

CABRIOLE.

Qu'il ne remue plus !

PICOTEL.

Nous dirons qu'il a des rhumatismes... donne... donne... (Il cherche inutilement à fourrer le corbeau dans ses poches, et il finit par le mettre dans son chapeau.) Là !... Silence, Cabriole, je cours chez le rempailleur !. . donne-moi du papier pour l'envelopper...

CABRIOLE, lui en donnant quelques-uns.

Tenez, voilà le journal de madame, vous me le rendrez... ah! j'oubliais... une lettre que votre bonne vient d'apporter !...

PICOTEL, regardant l'adresse.

Ciel! que vois-je? du ministère de la marine... de mon ami... lisons, lisons vite !... (Il ouvre la lettre.) Bonté divine !... quel heureux événement !... comme il arrive à point !... Ah ! bien ! bon !... à la bonne heure !... En voilà un bienfait de la Providence !...

CABRIOLE.

Mais, monsieur, allez donc bien vite faire restaurer l'animal !

PICOTEL.

Le corbeau ?... maintenant je me ris de lui... j'insulte à ses mânes... Tiens, prends-le, plume-le, flambe-le, et infuse-le dans ton pot-au-feu, ça fait d'excellent bouillon de bœuf.

CABRIOLE.

Mais expliquez-moi...

PICOTEL.

Sors, te dis-je, sors !... laisse-moi seul à mon ivresse.

(Cabriole sort.)

SCÈNE XV.

PICOTEL , seul, regardant la lettre.

La voilà cette nouvelle, si impatiemment attendue!... La voilà écrite en toutes lettres... Mon amour pour madame Raymond peut éclater publiquement... Le sieur Victor Raymond ne peut plus y mettre obstacle!... Et la belle veuve est à moi!... Par contrat de mariage, je vais pouvoir enfin lui assurer une position... Oui... mais elle va m'objecter un tas de choses... les convenances de rigueur... et pendant ce temps-là, la malheureuse ne se nourrira que de privations... Il faut l'obliger, la contraindre à prononcer le oui dans les délais les plus brefs!... mais comment?... Ah! j'y suis! Je vais la compromettre!... Elle sera bien forcée alors! (Il ôte sa redingote et endosse une espèce de robe de chambre apportée par Saturnin.) Ah! tu crains les propos et les cancans... Je vais en produire une avalanche qui t'obligera, pour te justifier, à serrer au plus vite les cordons de l'hyménée... Attends! attends!... (Il prend le cor de chasse de Saturnin, et va se placer à la fenêtre qui donne sur la rue.) Justement, c'est jour de marché... toutes les bonnes langues sont sur la place... (Il sonne du cor.) Bien... bravo!... on s'attroupe... on me regarde... ma robe de chambre produit son effet... on chuchotte, on ricane... continuons la sérénade...

(Il sonne du cor.)

SCÈNE XVI.

MADAME RAYMOND, PICOTEL, OCTAVIE.

MADAME RAYMOND , OCTAVIE.

Air : *de Fanfare.*

Mais c'est affreux ! un si grand tapage !
Ah ! quel outrage !
On ne vit rien de tel !
A { ma { sa } fenêtre, et dans cet équipage,
C'est encor lui, ce damné Picotel !

OCTAVIE.

Mais voulez-vous bien finir !

MADAME RAYMOND.

Mais vous me perdez, malotru !

PICOTEL.

Laissez donc... je répare tout le déchet que je vous ai occasionné... et puisque maintenant vous voilà veuve...

MADAME RAYMOND.

Veuve?... mais vous êtes fou... aliéné... enragé!...

SCÈNE XVII.

MADAME RAYMOND, PICOTEL, OCTAVIE, GRUMELOT.

MADAME RAYMOND , OCTAVIE.

Reprise.

Mais c'est affreux ! un si grand tapage !
Ah ! quel outrage !
On ne vit rien de tel !
A { ma { sa } fenêtre et dans cet équipage,
C'est encor lui, ce damné Picotel.

GRUMELOT , qui est entré [1].

Ah! mon Dieu!... que se passe-t-il donc?... Tout Loches est sens dessus dessous... Des flots de population sont à votre porte...

PICOTEL.

Voici le tabellion... Bonjour, tabellion... (Sautant et chantant.) Gai, gai, marions-nous... Vite! un contrat de mariage!

(Il fait faire un tour de danse à Grumelot.)

GRUMELOT.

Picotel! Picotel!... votre cerveau est indisposé!

MADAME RAYMOND.

Mais, protégez-nous, monsieur Grumelot... purgez mon domicile de cet hydrophobe!...

(Picotel s'approche de Grumelot et lance un son de cor dans ses oreilles.)

GRUMELOT.

Au nom de la loi, Picotel, cessez ces saturnales!

PICOTEL.

Au contraire, vous dis-je!... (Lui donnant la lettre qu'il vient de recevoir, et lui mettant son cor autour du cou.) Mais tenez, lisez ; convainquez-vous!... (A madame Raymond[2], pendant que Grumelot lit.) O Cunégonde!... tant que tu fus sous le joug d'un premier lien, tout en t'idolâtrant, je t'ai caché que je t'idolâtrais... mais te voilà libre, et le fleuve d'amour qui bouillonnait dans mon sein, peut enfin déborder et sortir de son lit!...

GRUMELOT , après avoir lu.

Oui madame[3], d'après cette pièce vous pouvez déposer votre main dans celle du requérant... et, à mon avis, c'est le seul moyen de vous réhabiliter maintenant dans l'opinion lochoise!...

PICOTEL.

Oui! serrons les liens d'un nouvel hyménée... serrons! serrons!... et pour qu'il n'y ait plus à s'en dédire... (Il va à la fenêtre et crie au dehors :) Citoyens et citoyennes, [4] M. Jérôme-Nicolas-Alcibiade-Joconde Picotel, a l'honneur de vous faire part de son mariage avec madame veuve Raymond!...

[1] O., Mme R., Gr., P.
[2] O., Mme R , P., G.
[3] O., Mme R., G., R.
[4] O., G., Mme R., P.

SCÈNE XVIII.

OCTAVIE, GRUMELOT, CABRIOLE, au fond
et suivi d'un commissionnaire portant une malle;
MADAME RAYMOND, PICOTEL.

CABRIOLE, au porteur.

Par ici... par ici, l'homme... mettez là ce ba-
gage...

(Le porteur sort.)

PICOTEL.

Qu'est-ce que c'est que ça?

CABRIOLE.

C'est une malle envoyée par un monsieur qui
vient de descendre à l'hôtel en face... il va venir lui-même.

PICOTEL.

Un monsieur?... chez moi?... Quel est son
nom ?

CABRIOLE.

Je ne sais pas.

GRUMELOT.

Mais son nom est sur la malle... (Lisant.)
« M. Raymond, à Loches... »

MADAME RAYMOND.

Mon mari!...

LES TROIS AUTRES.

Son mari!

PICOTEL.

Impossible... impossible... La lettre que j'ai
reçue de Paris est positive... Tenez... Le sieur
Victor Raymond...

MADAME RAYMOND.

Mais mon époux s'appelle Hector Raymond...
C'est lui qui vient!... mais je suis perdue,
moi !!!

PICOTEL, tombant entre deux chaises.

Ah ! mes amis, je sens que je m'en vas!

MADAME RAYMOND.

Mon Dieu! s'il arrivait en ce moment, il me
romprait comme un frêle arbrisseau! Monsieur
Grumelot, volez! tâchez de l'arrêter un instant !

GRUMELOT.

Oui, pour laisser à Picotel le temps... Je
comprends... Quel désastre!

CHŒUR.

Air : *de la camarade de pension.*

MADAME RAYMOND.

Quel malheur! c'est infâme !
Ici je reproduis
Un affreux mélodrame :
La femme à deux maris.

PICOTEL.

Q'uai-je fait ! pauvre femme !
Elle est par mes avis
Un vivant mélodrame :
La femme à deux maris.

GRUMELOT, OCTAVIE, CABRIOLE.

Quel malheur, pauvre femme !
Elle est, par vos avis,
Un vivant mélodrame,
La femme à deux maris !

(Grumelot sort et bouscule Saturnin qui entre.)

SCÈNE XIX.

OCTAVIE, MADAME RAYMOND,
SATURNIN, PICOTEL.

SATURNIN. Il porte le restant de ses effets :
des fleurets, des bottes à l'écuyère, etc.

Me voilà... me voilà!... j'apporte le reste de
mon mobilier... Où est ma chambre ?

MADAME RAYMOND.

A l'autre, à présent!... Monsieur Saturnin,
faites-moi le plaisir d'entrer dehors !

SATURNIN.

Par exemple!... mais je suis sans asile... mais
je veux prendre racine ici, m'implanter auprès
de celle que j'aime !

MADAME RAYMOND.

Voyez, Monsieur Picotel [1]... encore une de
vos victimes... Un si beau mariage pour Octavie... manqué !... grâce à votre détonation de
ce matin !...

PICOTEL, d'une voix mourante.

Laissez-moi, laissez-moi !...

SATURNIN, à Picotel.

Ah ! c'est toi qui m'as salé... scélérat !... bri-
gand [2] ! (Prenant les fleurets.) Tu vas m'en rendre
raison !... Viens ! viens !...

(Il saisit Picotel et le force à se lever.)

OCTAVIE.

Monsieur Saturnin !

MADAME RAYMOND.

On monte l'escalier!... Le voici!... le voici !...
Ah ! je m'évanouis...

(Elle tombe dans un fauteuil à gauche.)

OCTAVIE, qui la soutenait, tombe sur une
chaise à côté d'elle.

Je me sens bien mal...

PICOTEL.

Mes jambes sont en pâte de jujubes !...
(Il échappe à Saturnin et tombe sur une chaise à
droite.)

SATURNIN, qui a soutenu Picotel.

Ouf! je n'en puis plus !...

(Il s'assied aussi près de Picotel.)

[1] O., S., Mᵐᵉ R., P.

[2] Mᵐᵉ R., O., S., P.

SCÈNE DERNIÈRE.

OCTAVIE, MADAME RAYMOND, GRUME-
LOT, SATURNIN, PICOTEL.

GRUMELOT, accourant.

Je l'ai vu! je l'ai vu!...

TOUS.

Eh bien?...

GRUMELOT.

Ce n'est pas lui!

(Tous se lèvent.)

MADAME RAYMOND.

Que dites-vous?

GRUMELOT.

C'est un voyageur, ex-ami de votre ex-époux;
il s'est chargé de rapporter en Europe les effets
du ci-devant M. Raymond... Il m'a remis les
papiers qui justifient... Vous êtes libre, madame!...

PICOTEL, retombant sur le fauteuil.

Ah[1]!

GRUMELOT.

Qu'avez-vous?

PICOTEL,

Grumelot!... passer aussi subitement de l'in-
quiétude à la quiétude!... je suis encore plus
mal qu'auparavant... Destin, as-tu enfin cessé
de me galvaniser... N'importe!... il me reste
encore assez de force pour tomber aux genoux
de ma fiancée et pour m'écrier[2] : Veuve Raymond, j'adopte ta sœur... je la dote!... je
l'unis!...

[1] O., Mme R., G., P., S.

[2] S., O., Mme R., P., G.

OCTAVIE ET SATURNIN.

Quel bonheur!... Ah! monsieur Picotel!...

PICOTEL, à madame Raymond.

Quant à toi, sois ma compagne, mon Alba-
naise, ma Sunamite!...

MADAME RAYMOND.

Monsieur Picotel, je ne sais si je dois... Vous
êtes né sous une malheureuse planète... sous
un des signes les plus malfaiteurs du zodiaque...

GRUMELOT.

Le capricorne!... méfiez-vous!...

PICOTEL.

Vous croyez?

GRUMELOT.

J'en suis sûr!

PICOTEL.

Ah! bah!... je me ris de ce scarabée...

Air : *Voici, je crois, l'instant de commenter.*

(Au public.)

Pour conjurer tout fâcheux pronostic,
Je viens, messieurs, la figure joyeuse,
Pour vous chanter le couplet au public...

GRUMELOT, l'arrêtant.

Non! vous avez la main trop malheureuse!

PICOTEL, mystérieusement.

Au fait, messieurs, je vous le dis tout bas,
J'en avais un qui faisait mon supplice...
Manquant d'esprit et de traits délicats,
Et franchement, en ne le chantant pas,
Je vous rends un fameux service!

CHŒUR FINAL.

Air : *De la Fanfare du chœur précédent.*

Allons, allons, ici plus d'orage,
Des jours heureux vont luire, enfin, pour nous!
Faisons bien vite un double mariage,
Et rions-nous des pronostics jaloux.

FIN.

L'AME EN PEINE

OPÉRA EN DEUX ACTES,

Paroles de M. DE SAINT-GEORGES. — Musique de M. DE FLOTOW.

PARTITION, MORCEAUX DE CHANT SÉPARÉS, QUADRILLES, VALSES, ET DIVERS ARRANGEMENTS POUR PIANO.

Catalogue thématique des morceaux détachés, avec accompagnement de piano, arrangés par l'auteur.

Ouverture. . . . Prix : 5 fr.

1. *Chœurs des chasseurs* : Le cor résonne, la chasse part............................ 6
1 bis. Le même, sans accompagnement.... 3
2. *Cavatine* chantée par Mademoiselle Nau : Personne encore, hélas !............... 5
3. *Duo* chanté par Mademoiselle Nau et M. Gardoni : O doux moment, transport d'ivresse........................ 7
4. *Cavatine* chantée par M. Baroilhet : Fleur solitaire.............................. 3 75
4 bis. La même, pour ténor.............. 3 75
5. *Chœur* : La belle fête! ah! quel beau jour! 5
6. *Cavatine* chantée par Mademoiselle Dobré ou d'Halbert : Au doux pays de mon enfance.............................. 6
La même, sans chœur................... »
7. *Couplets* chantés par Mademoiselle Nau : Les simples honneurs du village...... 3
Les mêmes, sans chœurs... .... »
8. *Chanson à boire* : Le bon vin, jus divin, c'est le vin du Rhin.................. 4
La même, sans chœur.................. 4
8 bis. La même, pour basse.............. 4
9. *Récit et prière* : La nuit approche, hélas! celui que j'aime..................... 3 50
9 bis. *Valse et finale*..................... 10
10. *Chœur* : Célébrons en ce jour............ 5

11. *Romance* chantée par Baroilhet : Depuis le jour j'ai paré ma chaumière........ 4 50
La même, sans chœur.................. »
11 ter. La même, pour ténor et soprano..... 3 50
12. *Ballade* chantée par M. Bremond : Quand la cloche de l'abbaye.................
12 bis. La même, pour ténor..............
13. *Chœur* : Ah! pour vous quel doux mariage!
13 bis. *Récit et chœur* : Avec transport, avec ivresse................................. »
14. *Cavatine* chantée par M. Gardoni : Amour d'enfance, moment bien doux........ 4
14 bis. La même, pour soprano............. 4
15. *Nocturne* chanté par Mademoiselle Dobré et Gardoni : Longtemps sur nous gronda l'orage... .... »
16. *Romance* chantée par M. Baroilhet : Viens, je t'attends, ma sœur chérie.......... 3
16 bis. La même, pour ténor.............. 3
17. *Duo* chanté par MM. Gardoni et Baroilhet : Enfin nous voilà seuls.......... 7 50
17 bis. *Romance extraite du duo* chantée par M. Baroilhet : Comme une fleur sur la fougère................................ 2 50
18. *Trio et finale* chanté par Mademoiselle Nau et MM. Gardoni et Baroilhet : Ciel! que vois-je? douce chimère.......... »
18 bis. *Andante du trio*..................... »

QUADRILLES sur l'Opéra de L'AME EN PEINE, par MM. CAMILLE SCHUBERT et ALPHONSE LEDUC.

LE CAQUET DU COUVENT

OPÉRA-COMIQUE EN UN ACTE,

PAROLES DE MM. de Planard ET de Leuven. — MUSIQUE DE M. Henri Potier.

Partition d'Orchestre, Morceaux de chant séparés, Quadrilles, Valses, et divers arrangements pour le piano.

OUVERTURE. . . . 5 FR.

1. *Trio* : Oui, mes amis, tel est l'usage....... 5
1 bis. *Couplets* chantés par Madame Potier.. 3
2. *Romance* : Pendant la nuit, quand tout sommeille, chantée par Madame Potier. 3
3. *Chœur des caquets*, pour voix de femmes. 4 50
4. *Cavatine* : Jeunes filles si gentilles, chantée par M. Sainte Foy................. 4 50

5. *Chœur de jeunes filles* : La cloche vient nous dire.......................... 4 50
6. *Duo*. Mais prenons courage, car il va venir, chanté par M. Sainte Foy et Madame Potier............................ 6
7. *Chœur final*......................... »

QUADRILLES par M. **Camille Schubert**, à deux et à quatre mains.